Impressum
Verlag: BABADADA GmbH, Nedderfeld 112 , 22529 Hamburg
Geschäftsführer / Verlagsleitung: Harald Hof
Druck: Books on Demand GmbH, In de Tarpen 42, 22848 Norderstedt

Imprint
Publisher: BABADADA GmbH, Nedderfeld 112 , 22529 Hamburg, Germany
Managing Director / Publishing direction: Harald Hof
Print: Books on Demand GmbH, In de Tarpen 42, 22848 Norderstedt, Germany

школа

училище

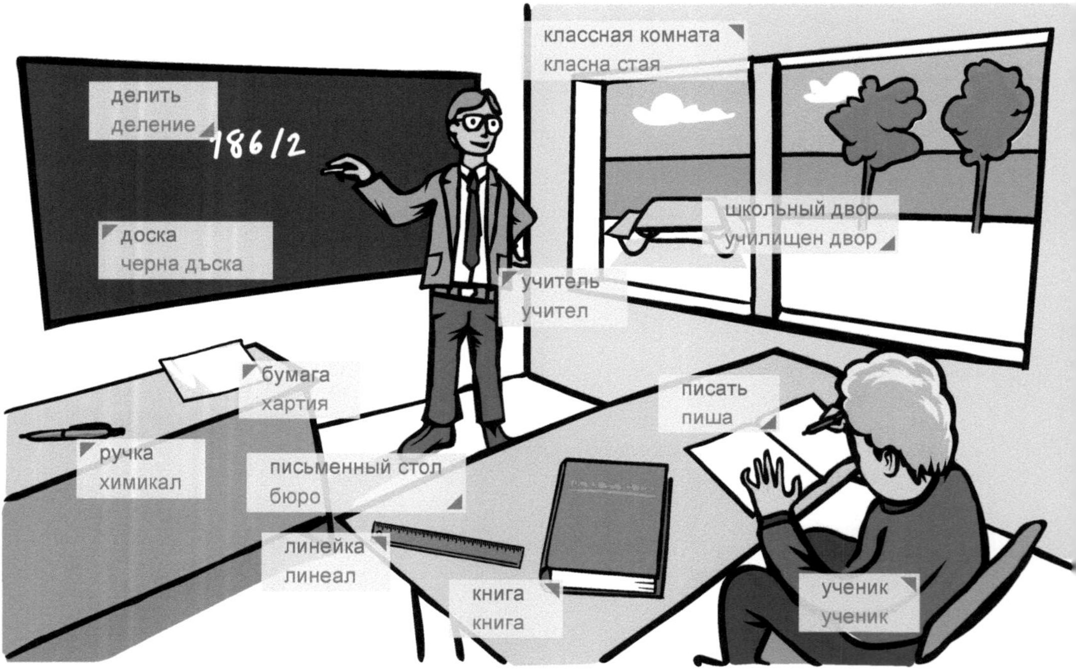

классная комната
класна стая
делить
деление
186/2
доска
черна дъска
школьный двор
училищен двор
учитель
учител
бумага
хартия
писать
пиша
ручка
химикал
письменный стол
бюро
линейка
линеал
книга
книга
ученик
ученик

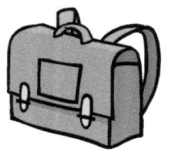

ранец

ученическа раница

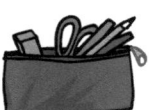

пенал

ученически несесер

карандаш

молив

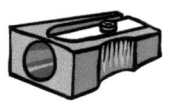

точилка

острилка за моливи

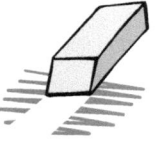

ластик

гума

альбом для рисования

блок за рисуване

рисунок

рисунка

кисточка

четка

коробка красок

акварелни бои

ножницы

ножица

клей

лепило

тетрадь

тетрадка за упражнения

домашняя работа

домашна работа

цифра

число

прибавлять

събиране

вычитать

изваждане

умножать

умножение

считать

смятане

буква

буква

алфавит

азбука

слово

дума

текст

текст

читать

чета

мел

тебешир

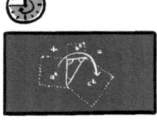

урок

час

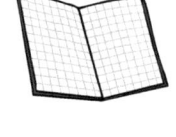

классный журнал

дневник на класа

экзамен

изпит

диплом

свидетелство

школьная форма

ученическа униформа

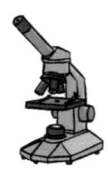

образование

образование

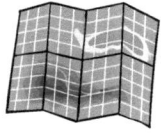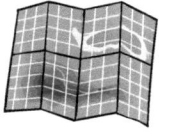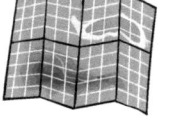

энциклопедия

справочник

университет

университет

микроскоп

микроскоп

карта

карта

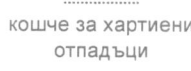

корзина для бумаг

кошче за хартиени отпадъци

гостиница
хотел

Grand

турбаза
хостел

ROOMS

пункт обмена валюты
обменно бюро

EXCHANGE

D

чемодан
куфар

автомобиль
кола

язык
....
език

да / нет
....
да / не

хорошо
....
Окей

Привет
....
здравей

переводчик
....
преводач

Спасибо
....
Благодаря

Сколько стоит...?

Колко струва...?

Я не понимаю

Не разбирам

проблема

проблем

Добрый вечер!

Добър вечер!

Доброе утро!

Добро утро!

Доброй ночи!

Лека нощ!

До свидания

довиждане

направление

посока

багаж

багаж

сумка

пътна чанта

рюкзак

раница

гость

посетител

комната

стая

спальный мешок

спален чувал

палатка

палатка

туристическая
информация
туристическа информация

пляж
плаж

кредитная карточка
кредитна карта

завтрак
закуска

обед
обед

ужин
вечеря

билет
билет

лифт
асансьор

почтовая марка
пощенска марка

граница
граница

таможня
митница

посольство
посолство

виза
виза

паспорт
паспорт

транспорт

транспорт

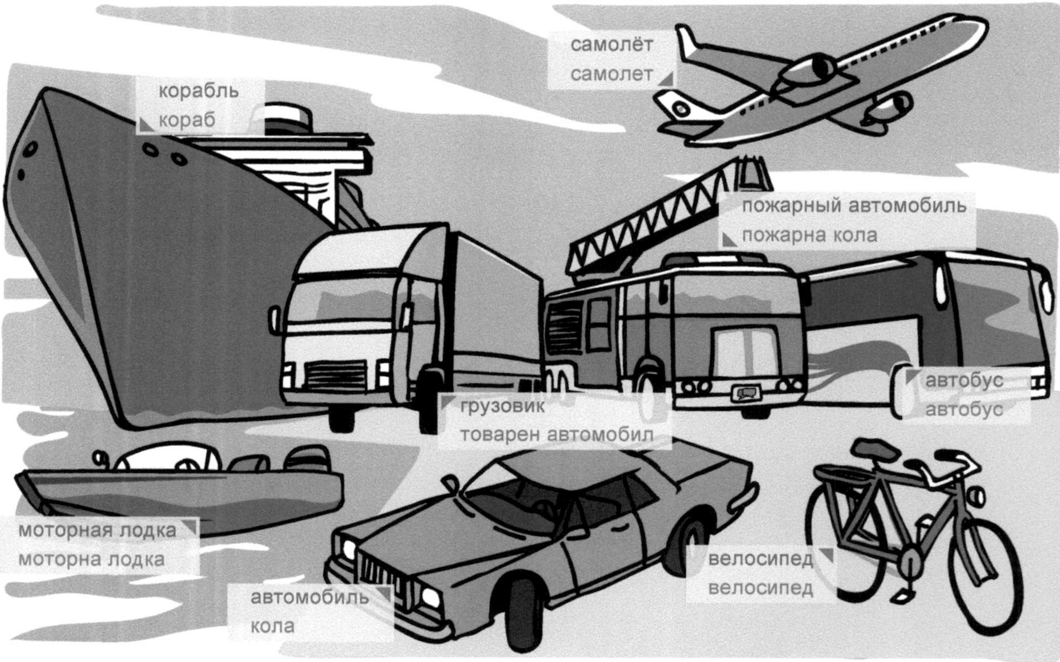

самолёт
самолет
корабль
кораб
пожарный автомобиль
пожарна кола
автобус
автобус
грузовик
товарен автомобил
моторная лодка
моторна лодка
велосипед
велосипед
автомобиль
кола

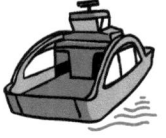

паром

фериботт

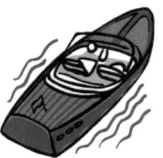

лодка

лодка

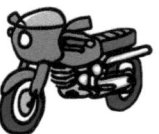

мотоцикл

мотоциклет

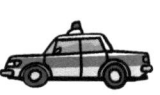

полицейский автомобиль

полицейска кола

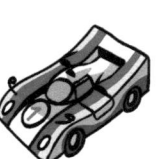

гоночный автомобиль

състезателна кола

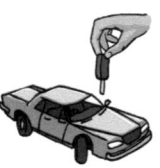

арендованный автомобиль

кола под наем

совместное пользование
автомобилями
....
каршеринг

буксировочный
автомобиль
автомобил от "Пътна
помощ"

мусоровоз
....
сметовоз

двигатель
....
двигател

топливо
....
бензин

заправка
....
бензиностанция

дорожный знак
....
пътен знак

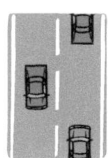

движение
....
улично движение

пробка
....
задръстване

автостоянка
....
паркинг

вокзал
....
гара

рельсы
....
релси

поезд
....
влак

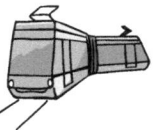

трамвай
....
трамвай

вагон
....
вагон

вертолёт

хеликоптер

аэропорт

аерогара

вышка

кула

пассажир

пасажер

контейнер

контейнер

коробка

кашон

тележка

ръчна количка

корзина

кошница

взлетать / приземляться

излитам / приземявам се

город

град

деревня

село

центр города

градски център

дом

къща

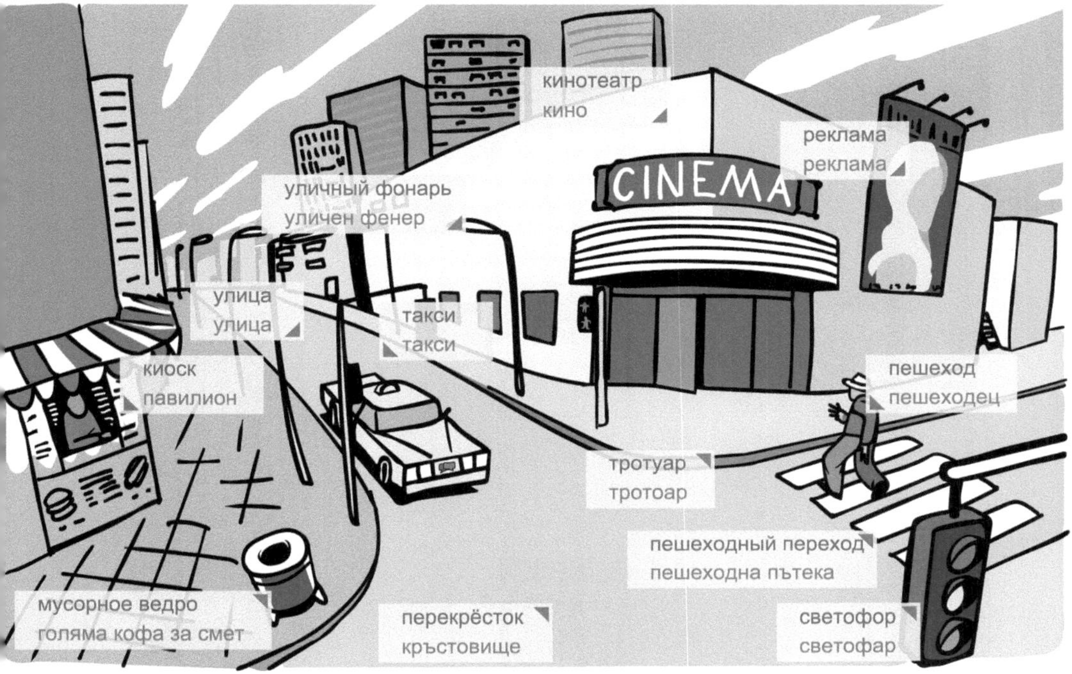

кинотеатр
кино
реклама
реклама
уличный фонарь
уличен фенер
CINEMA
улица
улица
такси
такси
киоск
павилион
пешеход
пешеходец
тротуар
тротоар
пешеходный переход
пешеходна пътека
мусорное ведро
голяма кофа за смет
перекрёсток
кръстовище
светофор
светофар

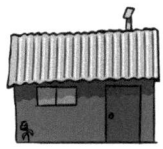

хижина

хижа

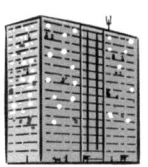

квартира

жилище

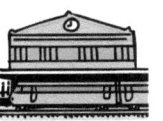

вокзал

гара

ратуша

кметство

MUSEUM

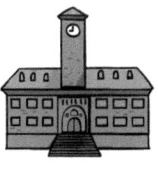

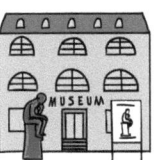

музей

музей

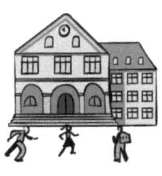

школа

училище

университет

университет

банк

банка

больница

болница

гостиница

хотел

аптека

аптека

офис

офис

книжный магазин

книжарница

магазин

магазин за цветя

цветочный магазин

магазин за цветя

супермаркет

супермаркет

рынок

пазар

универмаг

универсален магазин

торговец рыбой

търговец на риба

торговый центр

търговски център

порт

пристанище

парк

парк

скамейка

пейка

мост

мост

лестница

стълба

метро

метро

тоннель

тунел

автобусная остановка

автобусна спирка

бар

бар

ресторан

ресторант

почтовый ящик

пощенска кутия

табличка с названием
улицы

улична табелка

паркометр

часовник за паркинг
престой

зоопарк

зоологическа градина

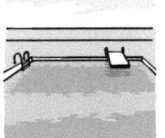

бассейн

плувен басейн

мечеть

джамия

ферма

селски двор

загрязнение окружающей среды

замърсяване на околната среда

кладбище

гробище

церковь

църква

детская площадка

детска площадка

храм

храм

ландшафт

пейзаж

лист
листо

дорожный указатель
пътепоказател

дорога
път

луг
ливада

камень
камък

дерево
дърво

путешественник
пътешественик

река
река

трава
трева

цветок
цвете

долина
долина

гора
планина

озеро
море

лес
гора

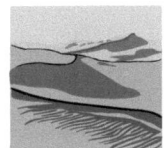

пустыня
пустиня

вулкан
вулкан

замок
замък

радуга
дъга

гриб
гъба

пальма
палма

комар
комар

муха
муха

муравей
мравка

пчела
пчела

паук
паяк

жук
бръмбар

лягушка
жаба

белка
катеричка

еж
таралеж

заяц
заек

сова
кукумявка

птица
птица

лебедь
лебед

кабан
диво прасе

олень
елен

лось
лос

плотина
бент

ветряной генератор
вятърна турбина

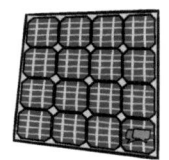

солнечная батарея
соларен модул

климат
климат

ресторан
ресторант

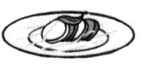

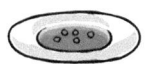

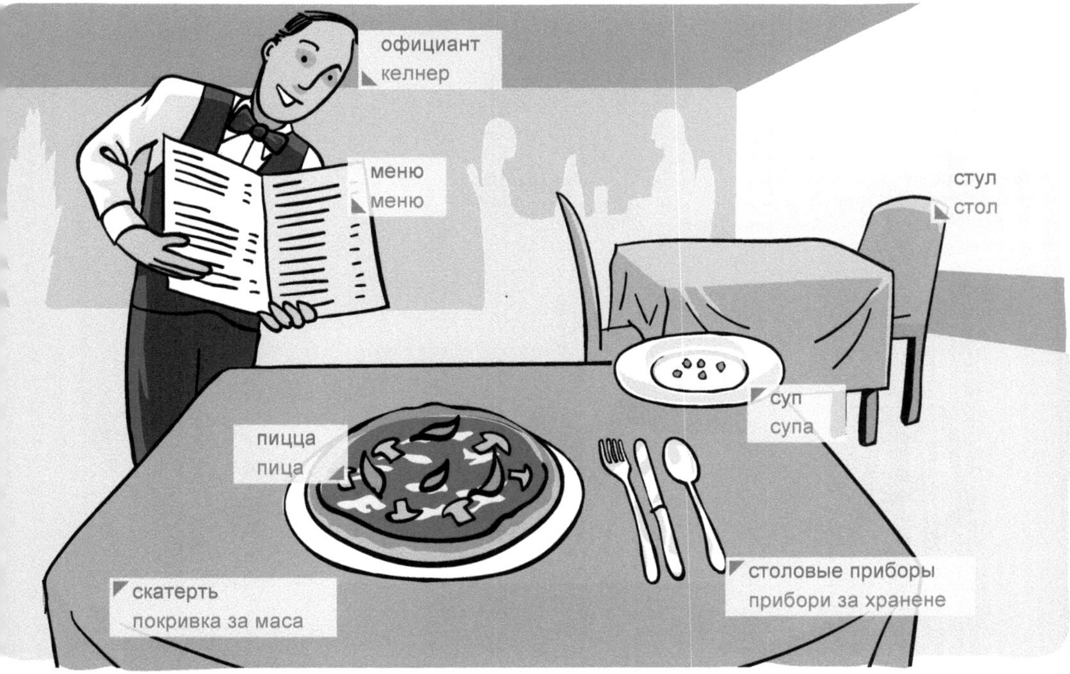
официант
келнер
меню
меню
стул
стол
суп
супа
пицца
пица
скатерть
покривка за маса
столовые приборы
прибори за хранене

закуска

предястие

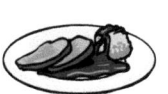

главное блюдо

основно ястие

десерт

десерт

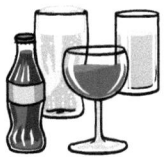

напитки

напитки

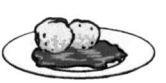

еда

ядене

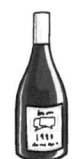

бутылка

бутилка

фастфуд

бързо хранене

уличная еда

улична храна

чайник

кана за чай

сахарница

кутия за захар

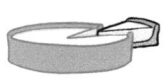

порция

порция

кофеварка

еспресо машина

детский стульчик

висок детски стол

счет

сметка

поднос

табла

нож

ножица за нокти

вилка

вилица

ложка

лъжица

чайная ложка

чаена лъжичка

салфетка

салфетка

стакан

стъклена чаша

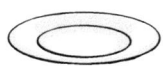

тарелка

чиния

суповая тарелка

чиния за супа

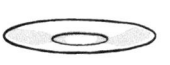

блюдце

чинийка

соус

сос

солонка

солница

мельница для перца

мелничка за черен пипер

уксус

оцет

масло

олио

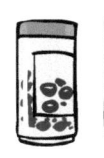

специи

подправки

кетчуп

кетчуп

горчица

горчица

майонез

майонеза

супермаркет
супермаркет

специальное предложение
оферта
FOR
покупатель
клиент
молочные продукты
млечни продукти
фрукты
плодове
тележка для покупок
количка за покупки

BUTCHERS

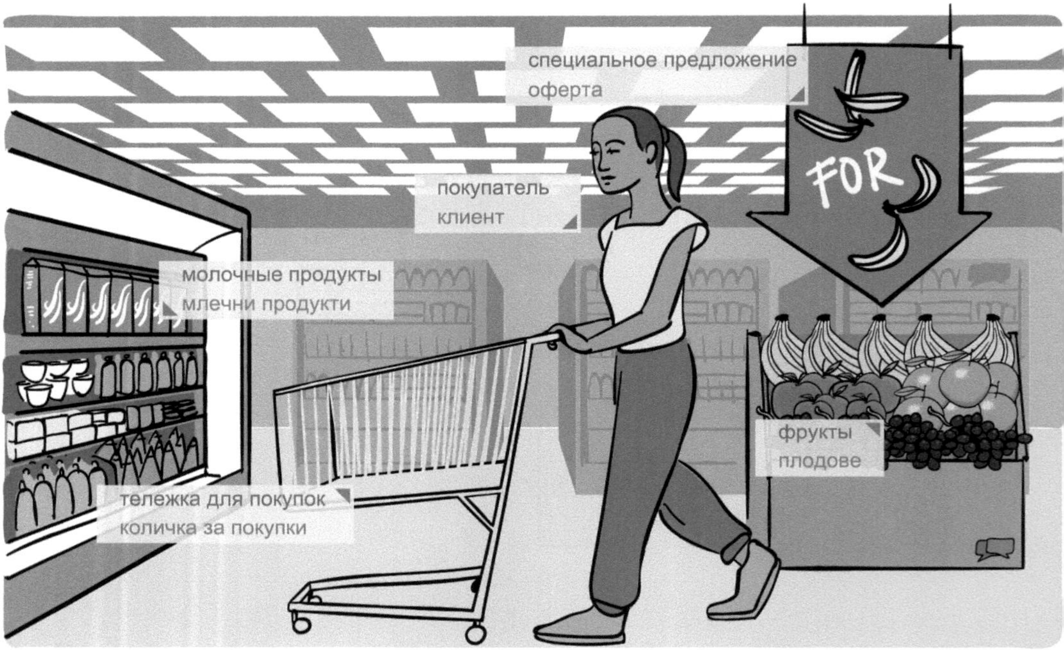

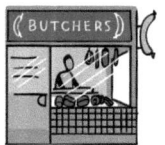

мясной магазин

кланица

BAKERY

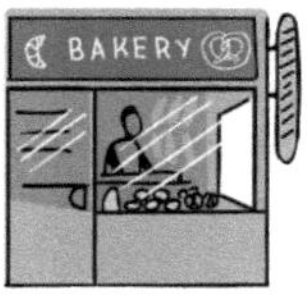

пекарня

хлебарница

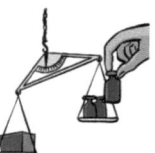

взвешивать

тегля

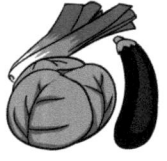

овощи

зеленчуци

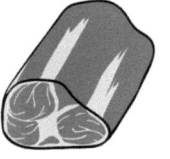

мясо

месо

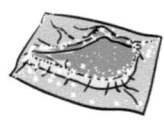

быстрозамороженные продукты

дълбоко замразена храна

нарезка

нарязан колбас или сирене

консервы

консерви

стиральный порошок

перилен препарат

сладости

лакомства

предмет домашнего обихода
домакински изделия

моющее средство

почистващи препарати

продавщица

продавачка

касса

каса

кассир

касиер

список покупок

списък на покупките

время работы

работно време

бумажник

портфейл

кредитная карточка

кредитна карта

сумка

чанта

полиэтиленовый пакет

пластмасова торба

вода
....
вода

сок
....
сок

молоко
....
мляко

кока-кола
....
кола

вино
....
вино

пиво
....
бира

алкоголь
....
алкохол

какао
....
какао

чай
....
чай

кофе
....
кафе машина

эспрессо
....
еспресо

капучино
....
капучино

банан

банан

яблоко

ябълка

апельсин

портокал

арбуз

пъпеш

лимон

лимон

морковь

морков

чеснок

чесън

бамбук

бамбук

лук

лук

гриб

гъба

орехи

ядки

лапша

макарони

спагетти

спагети

рис

ориз

салат

салата

картофель фри

пържени картофи

жареный картофель

печени картофи

пицца

пица

гамбургер

хамбургер

сэндвич

сандвич

шницель

шницел

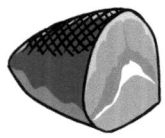

ветчина

шунка

салями

траен колбас

колбаса

салам

курица

пиле

жаркое

печено

рыба

риба

овсяные хлопья

овесени ядки

мюсли

мюсли

кукурузные хлопья

корнфлейкс

мука

брашно

круассан

кроасан

булочка

хлебчета

хлеб

хляб

тост

препечена филийка

печенье

бисквити

масло

масло

творог

извара

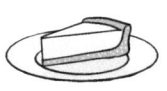

пирог

сладкиш

яйцо

яйце

яичница

яйца на очи

сыр

сирене

мороженое

сладолед

сахар

захар

мёд

мед

мармелад

мармалад

крем с нугой

нуга крем

карри

къри

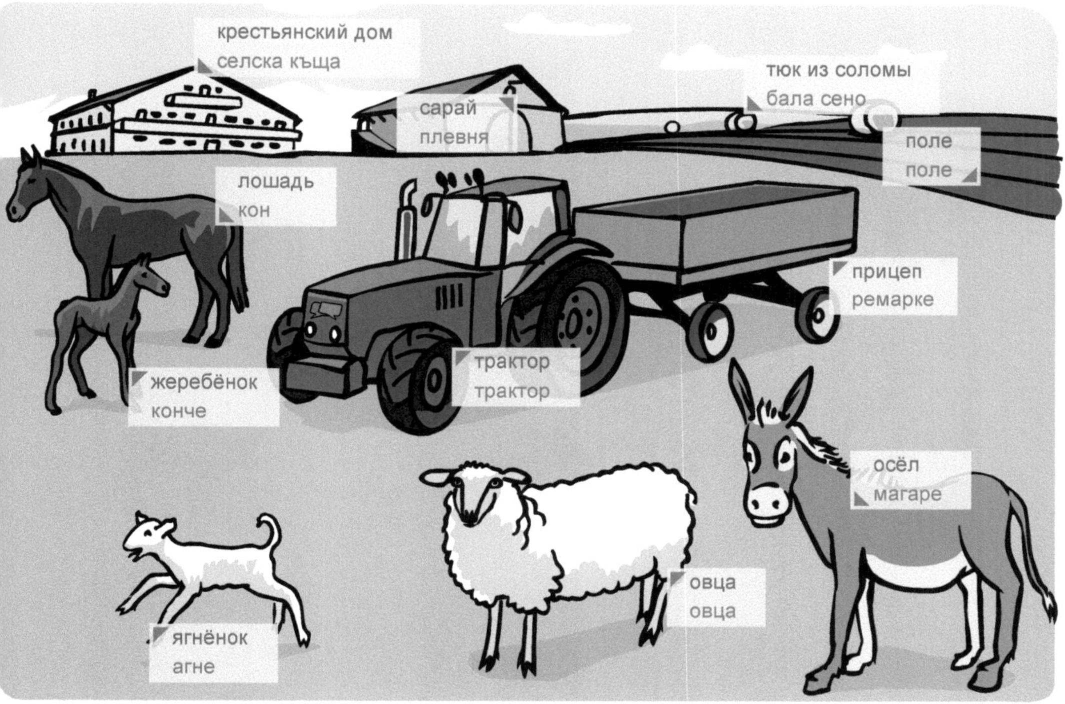

крестьянский дом
селска къща

сарай
плевня

тюк из соломы
бала сено

поле
поле

лошадь
кон

прицеп
ремарке

жеребёнок
конче

трактор
трактор

осёл
магаре

овца
овца

ягнёнок
агне

коза
коза

корова
крава

телёнок
теле

свинья
свиня

поросёнок
прасенце

бык
бик

гусь

гъска

утка

патица

цыплёнок

пиленце

курица

кокошка

петух

петел

крыса

плъх

кошка

котка

мышь

мишка

вол

вол

собака

куче

конура

кучешка колиба

садовый шланг

градински маркуч

лейка

лейка

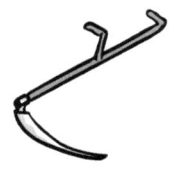

коса

коса

плуг

плуг

серп

сърп

мотыга

мотика

навозные вилы

вила за тор

топор

брадва

тачка

ръчна количка

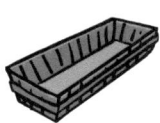

корыто

корито

бидон для молока

съд за мляко

мешок

чувал

забор

ограда

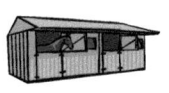

хлев

обор

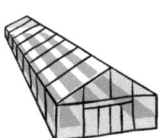

теплица

парник

почва

земя

посев

сеитба

удобрение

тор

комбайн

комбайн

собирать урожай

жъна

урожай

реколта

ямс

ямс

пшеница

жито

соя

соя

картофель

картоф

кукуруза

царевица

рапс

рапица

фруктовое дерево

овощно дърво

маниок

маниока

злаки

зърнени храни

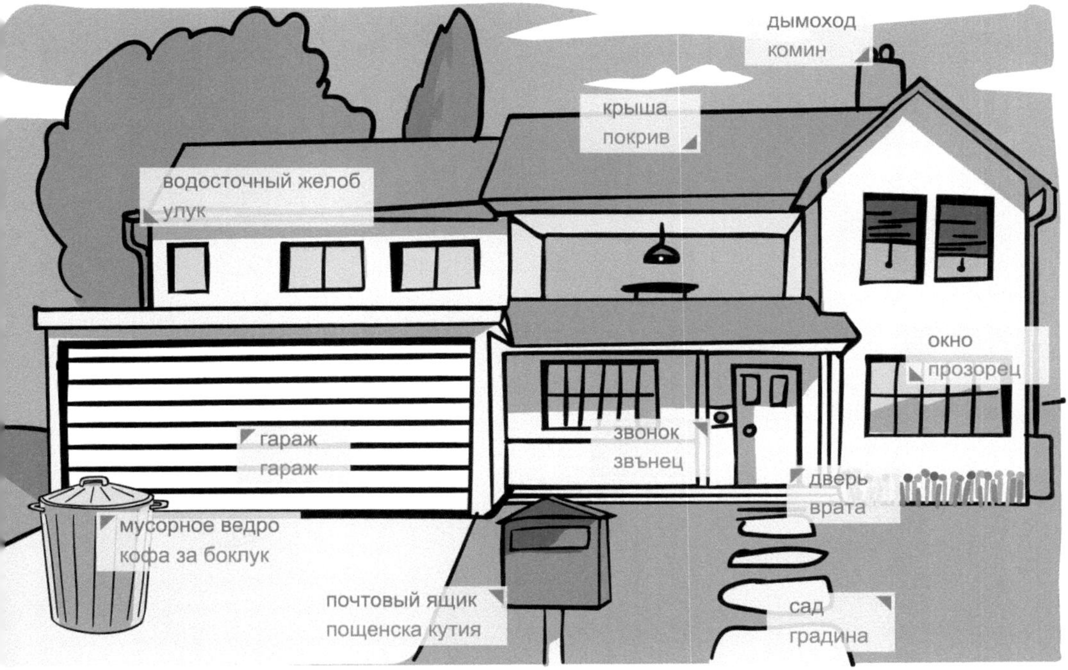

дымоход
комин

крыша
покрив

водосточный желоб
улук

окно
прозорец

гараж
гараж

звонок
звънец

дверь
врата

мусорное ведро
кофа за боклук

почтовый ящик
пощенска кутия

сад
градина

гостиная

всекидневна

ванная комната

баня

кухня

кухня

спальня

спальня

детская комната

детска стая

столовая

трапезария

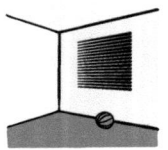

пол
....
под

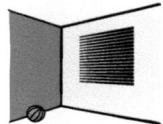

стена
....
стена

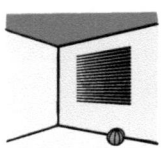

потолок
....
таван

подвал
....
изба

сауна
....
сауна

балкон
....
балкон

терраса
....
тераса

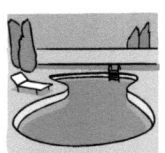

бассейн
....
плувен басейн

газонокосилка
....
косачка

пододеяльник
....
спално бельо

покрывало
....
покривка за легло

кровать
....
легло

метла
....
метла

ведро
....
кофа

выключатель
....
електрически ключ

гостиная

всекидневна

обои
тапет
рисунок
картина
лампа
лампа
полка
рафт
шкаф
шкаф
телевизор
телевизор
камин
камина
цветок
цвете
подушка
възглавница
диван
канапе
ваза
ваза
пульт дистанционного управления
дистанционно управление

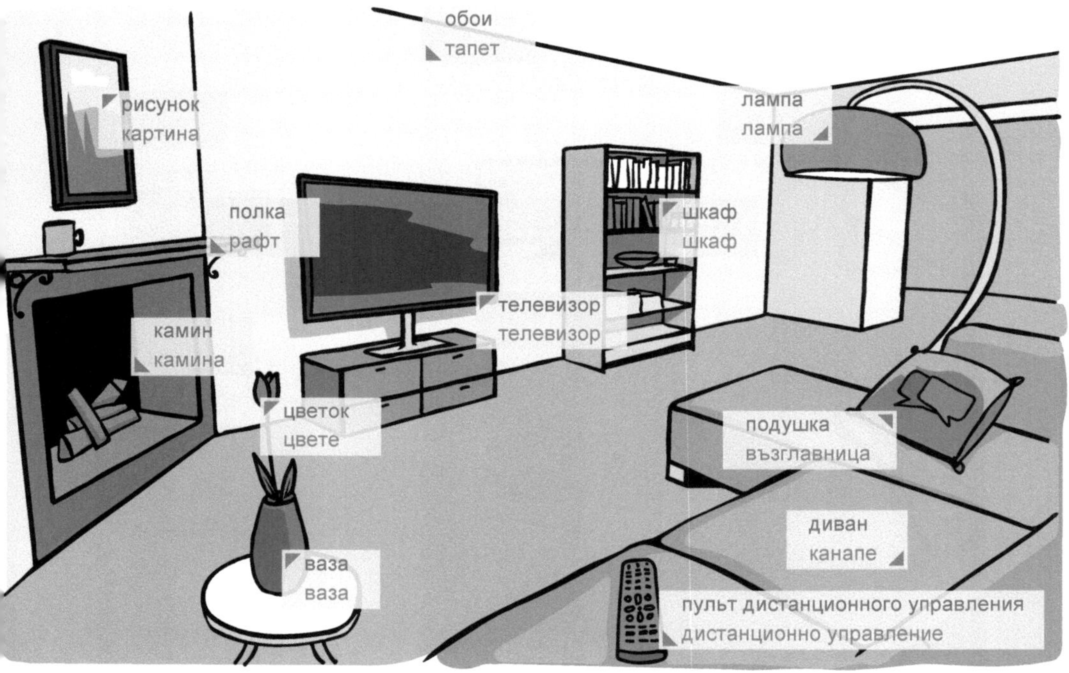

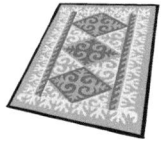

ковёр

килим

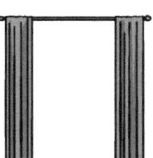

штора

завеса

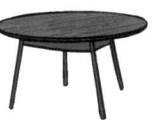

стол

маса

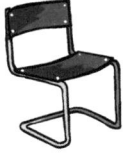

стул

стол

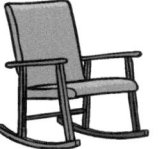

кресло-качалка

люлеещ се стол

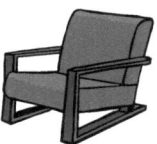

кресло

кресло

книга

книга

покрывало

одеяло

украшение

декорация

дрова

дърва за отопление

фильм

филм

стереосистема

стерео уредба

ключ

ключ

газета

вестник

картина

живопис

плакат

постер

радио

радио

блокнот

бележник

пылесос

прахосмукачка

кактус

кактус

свеча

свещ

кухня

кухня

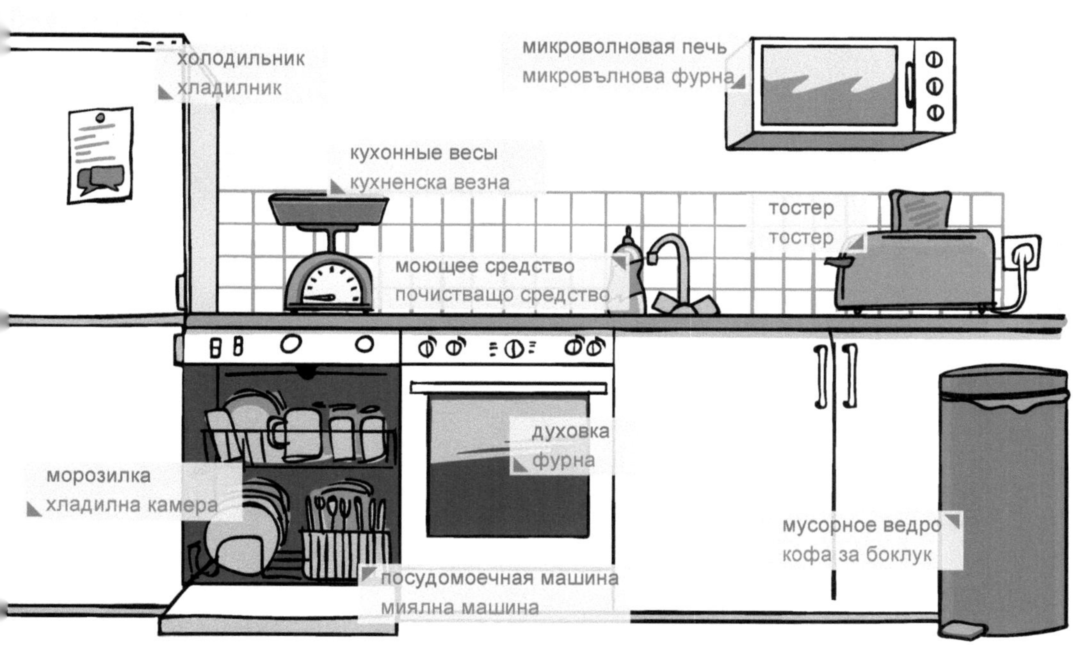
холодильник
хладилник
микроволновая печь
микровълнова фурна
кухонные весы
кухненска везна
тостер
тостер
моющее средство
почистващо средство
духовка
фурна
морозилка
хладилна камера
мусорное ведро
кофа за боклук
посудомоечная машина
миялна машина

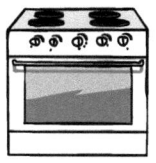

плита

готварска печка

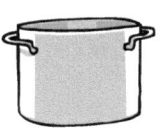

кастрюля

тенджера

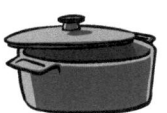

чугунный котелок

желязна тенджера

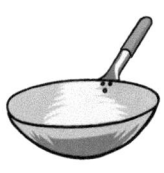

вок / кадай

уок / кадаи

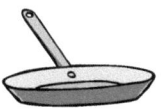

сковорода

тиган

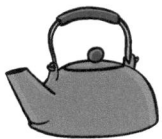

чайник

кана за затопляне на вода

пароварка

уред за готвене на пара

противень

тава за печене

посуда

съдове

кружка

чаша

миска

купа

палочки для еды

клечки за хранене

половник

черпак

лопатка

лопатка за тиган

сбивалка

тел за разбиване (на яйца, белтъци)

сито

кошница за варене

сито

гевгир

тёрка

ренде

ступка

хаван

гриль

барбекю

костёр

огнище

доска

дъска

скалка

точилка

штопор

тирбушон

жестяная банка

кутия

консервный нож

отварачка за консерви

прихватка

кухненска ръкохватка

раковина

мивка

щетка

четка

губка

гъба

миксер

миксер

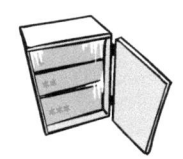

морозильная камера

фризер

бутылочка для кормления

бебешко шише

кран

воден кран

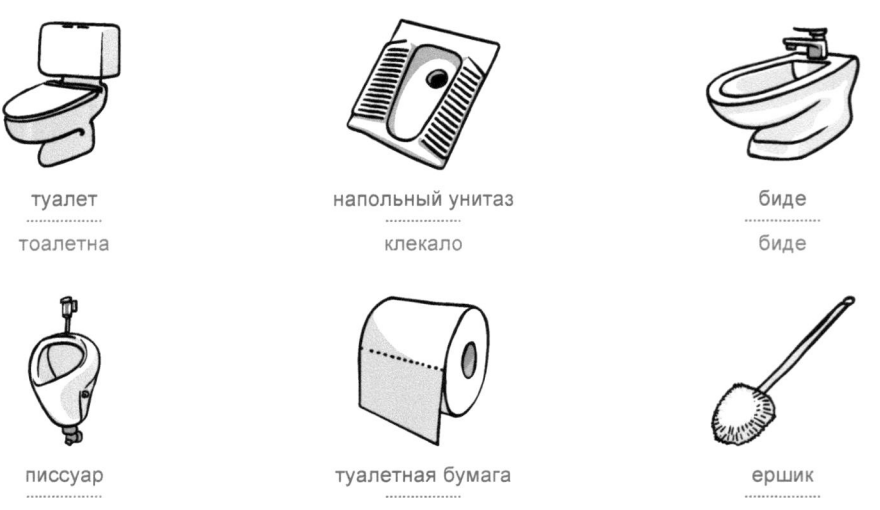

ванная комната

баня

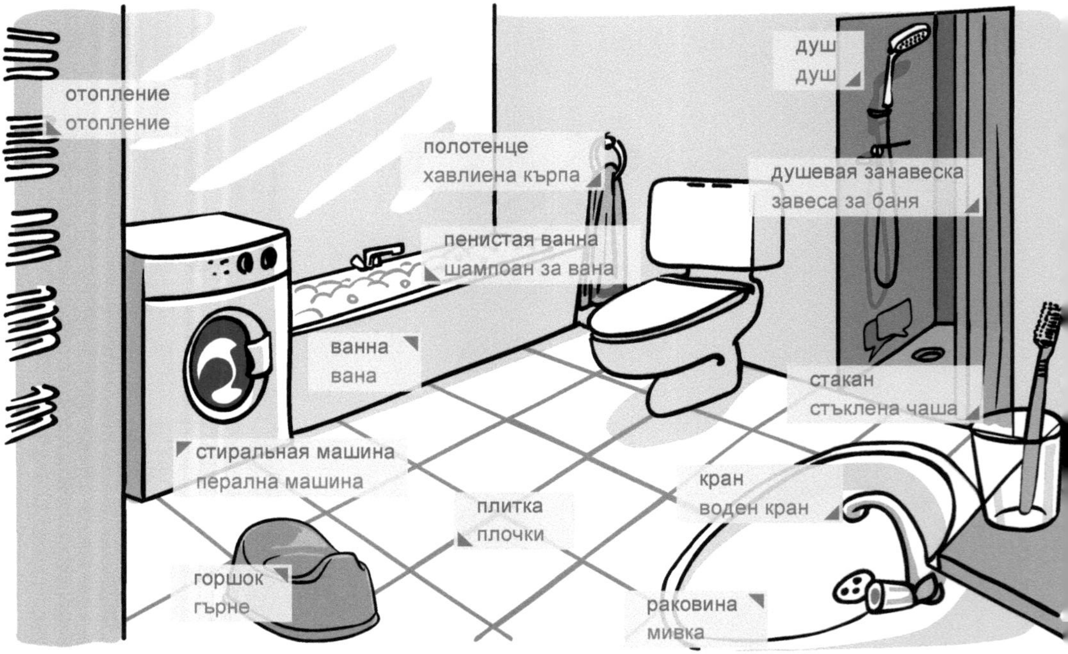

душ
душ
отопление
отопление
полотенце
хавлиена кърпа
душевая занавеска
завеса за баня
пенистая ванна
шампоан за вана
ванна
вана
стакан
стъклена чаша
стиральная машина
перална машина
кран
воден кран
плитка
плочки
горшок
гърне
раковина
мивка

туалет

тоалетна

напольный унитаз

клекало

биде

биде

писсуар

писоар

туалетная бумага

тоалетна хартия

ершик

четка за тоалетна

зубная щетка

четка за зъби

зубная паста

паста за зъби

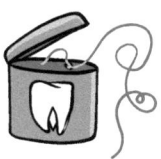

зубная нить

конец за зъби

мыть

мия

ручной душ

ръчен душ

интимный душ

интимен душ

таз

леген

щетка для спины

четка за гръб

мыло

сапун

гель для душа

душ гел

шампунь

шампоан за вана

мочалка

гъба за баня

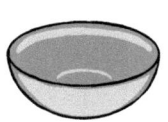

сток

сифон

крем

крем

дезодорант

дезодорант

зеркало

огледало

ручное зеркало

козметично огледало

бритва

ръчна самобръсначка

пена для бритья

пяна за бръснене

лосьон после бритья

одеколон за след
бръснене

расческа

гребен

щетка

четка

фен

сешоар

лак для волос

спрей за коса

косметика

грим

губная помада

червило

лак для ногтей

лак за нокти

вата

памук

маникюрные ножницы

ножица за нокти

духи

парфюм

косметичка

тоалетна чантичка

табуретка

табуретка

весы

везна

халат

хавлия

резиновые перчатки

домакински ръкавици

тампон

тампон

гигиеническая прокладка

дамски превръзки

биотуалет

химическа тоалетна

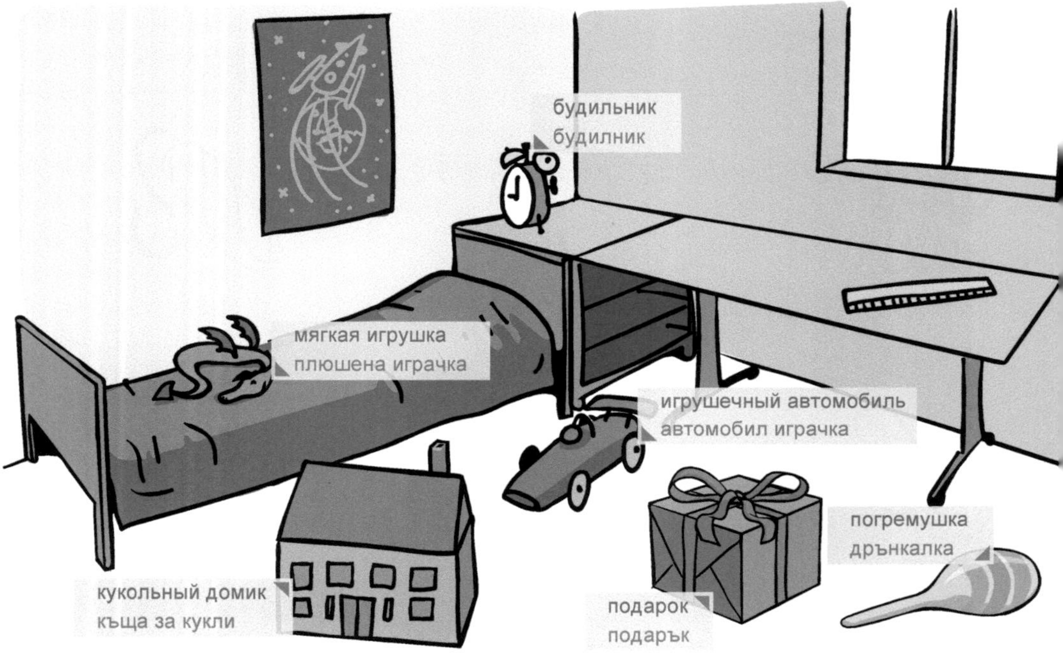

будильник
будилник
мягкая игрушка
плюшена играчка
игрушечный автомобиль
автомобил играчка
погремушка
дрънкалка
кукольный домик
къща за кукли
подарок
подарък

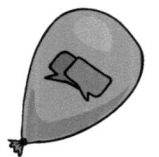

воздушный шар

балон

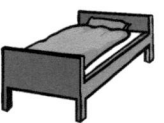

кровать

легло

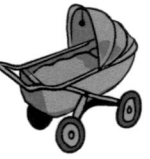

детская коляска

детска количка

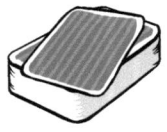

карточная игра

игра на карти

пазл

пъзел

SUPER
MEGA

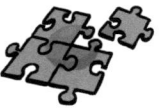

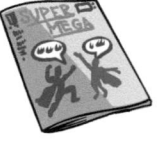

комикс

комикс

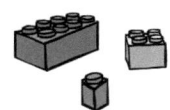

кирпичики Лего

лего елементи

кубики

строителни елементи

игрушечная фигурка

екшън фигурка

ползунки

бебешки гащеризон

фрисби

фрисби

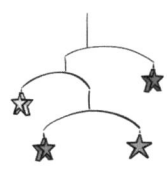

мобиле

бебешки играчки за легло

настольная игра

настолна игра

кубик

зарче

модель железной дороги

миниатюрно влакче

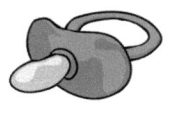

соска

биберон

вечеринка

парти

книга с картинками

детска книга с илюстрации

мяч

топка

кукла

кукла

играть

играя

песочница
пясъчник

качели
люлка

игрушка
играчка

игровая приставка
игрова конзола

трёхколесный велосипед
велосипед с три колелета

плюшевый медвежонок
плюшено мече

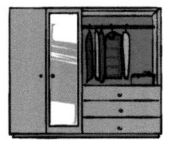

шкаф для одежды
гардероб

одежда
облекло

носки
къси чорапи

чулки
дълги чорапи

колготки
чорапогащник

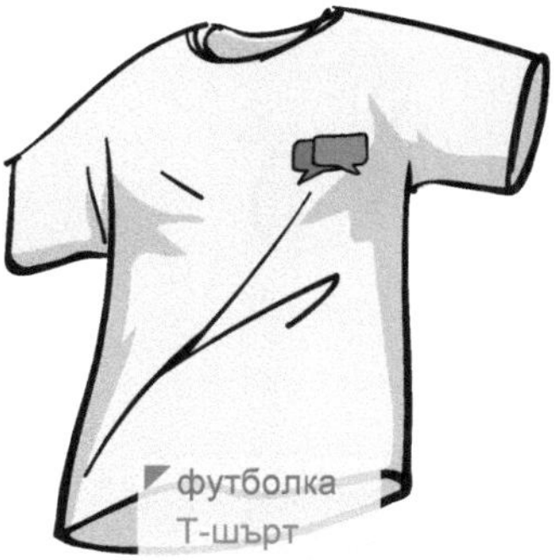

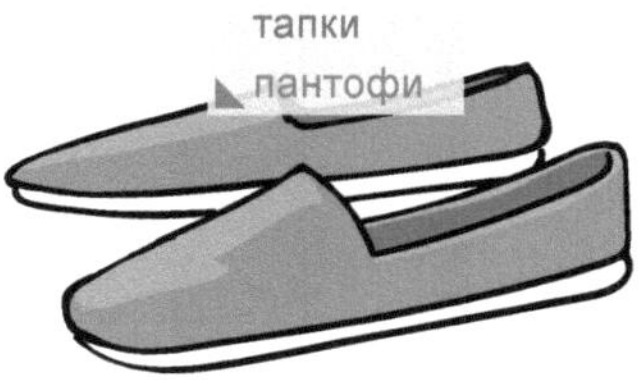

шарф
шал

ремень
колан

зонтик
чадър

футболка
Т-шърт

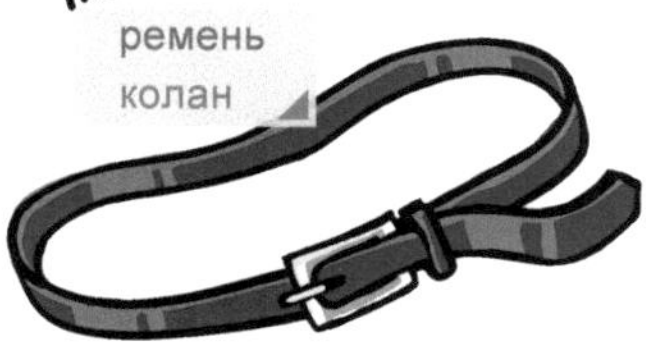

кроссовки
гуменки

сапоги
ботуши

тапки
пантофи

сандалии
....
сандали

ботинки
....
обувки

резиновые сапоги
....
гумени ботуши

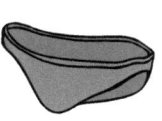

трусы
....
слип

бюстгальтер
....
сутиен

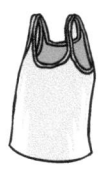

майка
....
долна блуза

боди

боди

брюки

панталон

джинсы

дънки

юбка

пола

блузка

блуза

рубашка

риза

свитер

пуловер

свитер

суичър

спортивная куртка

блейзър

жакет

яке

пальто

палто

плащ

дъждобран

костюм

костюм

платье

рокля

свадебное платье

булчинска рокля

мужской костюм

костюм

ночная сорочка

нощница

пижама

пижама

сари

сари

платок

кърпа за глава

тюрбан

тюрбан

паранджа

бурка

кафтан

кафтан

абайя

абая

купальник

бански костюм

плавки

плувни шорти

шорты

къс панталон

спортивный костюм

анцуг

фартук

престилка

перчатки

ръкавици

пуговица
копче

очки
очила

браслет
гривна

цепочка
верижка

кольцо
пръстен

серьга
обеца

шапка
каскет

вешалка
закачалка

шляпа
шапка

галстук
вратовръзка

застежка молния
цип

шлем
каска

подтяжки
тиранти

школьная форма
ученическа униформа

форма
униформа

одежда - облекло

детский нагрудник

лигавник

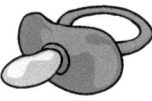

соска

биберон

подгузник

пелена

сервер
сървър

канцелярский шкаф
шкаф за документи

принтер
принтер

монитор
монитор

бумага
хартия

мышь
мишка

письменный стол
бюро

папка
папка

клавиатура
клавиатура

корзина для бумаг
кошче за хартиени отпадъци

стул
стол

компьютер
компютър

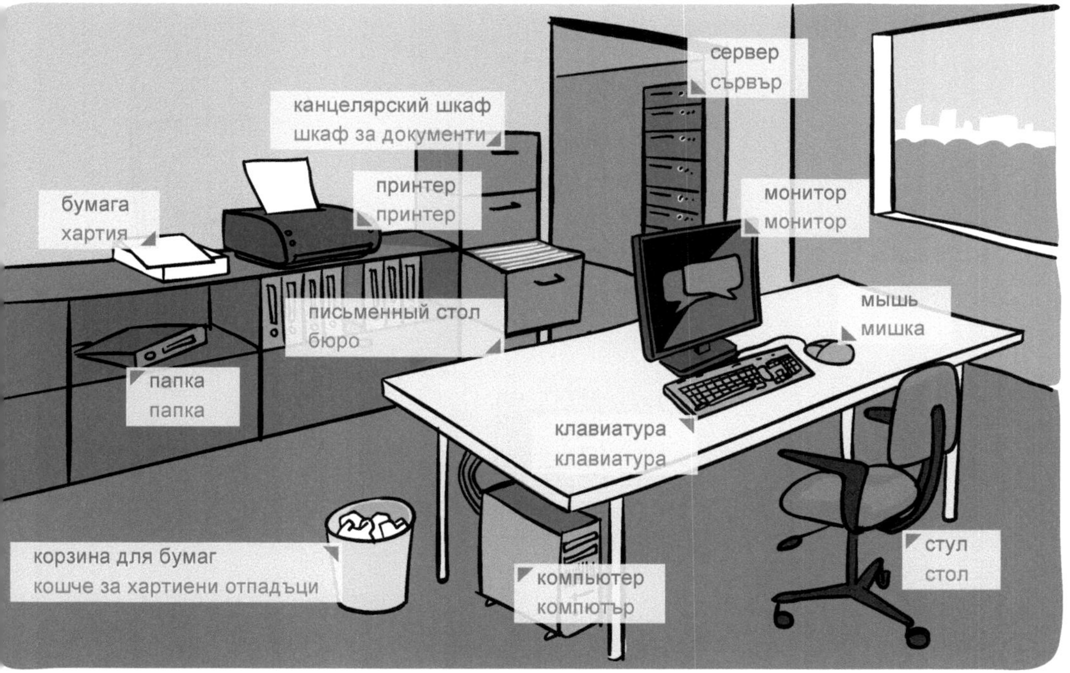

кофейная кружка

чаша за кафе

калькулятор

джобен калкулатор

интернет

интернет

ноутбук

лаптоп

письмо

писмо

сообщение

съобщение

мобильный телефон

мобилен телефон

сеть

мрежа

ксерокс

ксерокс

программа

софтуер

телефон

телефон

розетка

контакт

факс

факс

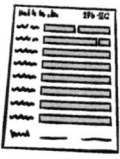

формуляр

формуляр

документ

документ

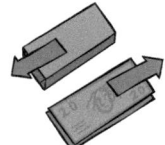

покупать
....
купувам

платить
....
плащам

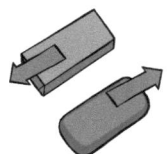

торговать
....
търгувам

деньги
....
пари

USD

доллар
....
долар

EUR

евро
....
евро

JPY

иена
....
йена

RUB

рубль
....
рубла

CHF

франк
....
швейцарски франк

CNY

жэньминьби юань
....
ренминби юан

INR

рупия
....
рупия

банкомат
....
банкомат

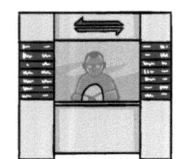

пункт обмена валюты

обменно бюро

золото

злато

серебро

сребро

нефть

нефт

энергия

енергия

цена

цена

договор

договор

налог

данък

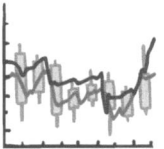

акция

акция

работать

работя

служащий

служител

работодатель

работодател

фабрика

фабрика

магазин

магазин за цветя

профессии
професии

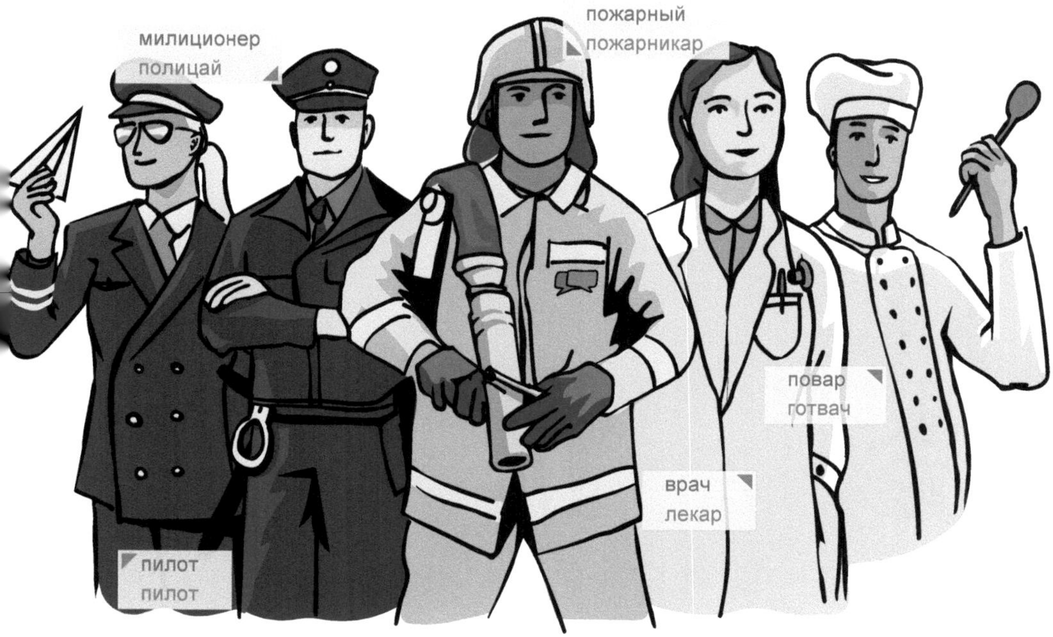

милиционер
полицай
пожарный
пожарникар
пилот
пилот
врач
лекар
повар
готвач

садовник

градинар

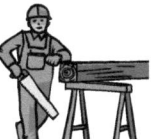

столяр

мебелист

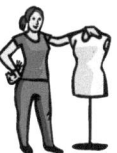

швея

шивачка

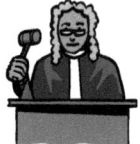

судья

съдия

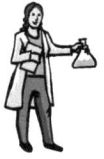

химик

химик

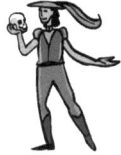

актёр

артист

водитель автобуса

шофьор на автобус

таксист

шофьор на такси

рыбак

рибар

уборщица

чистачка

кровельщик

майстор на покриви

официант

келнер

охотник

ловец

художник

художник

пекарь

хлебар

электрик

електротехник

строитель

строителен работник

инженер

инженер

мясник

касапин

сантехник

тенекеджия

почтальон

пощальон

солдат

войник

архитектор

архитект

кассир

касиер

флорист

цветар

парикмахер

фризьор

кондуктор

кондуктор

механик

механик

капитан

капитан

зубной врач

зъболекар

ученый

научен работник

раввин

равин

имам

имàм

монах

монах

священник

свещеник

инструменты

инструменти

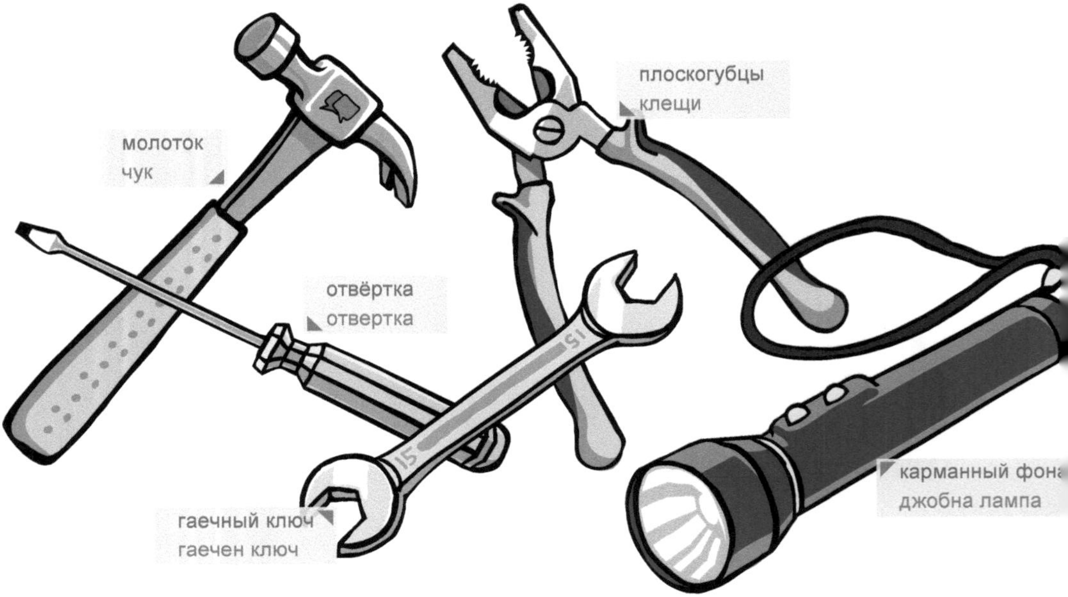
молоток
чук
плоскогубцы
клещи
отвёртка
отвертка
гаечный ключ
гаечен ключ
карманный фона
джобна лампа

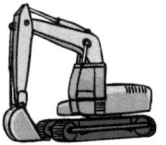

экскаватор

багер

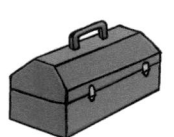

ящик для инструментов

кутия за инструменти

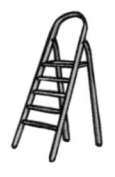

стремянка

стълба

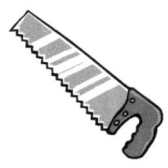

пила

трион

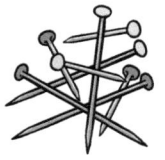

гвозди

пирони

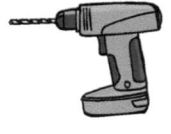

дрель

бормашина

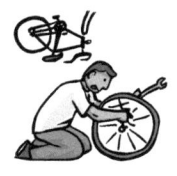

ремонтировать

ремонтирам

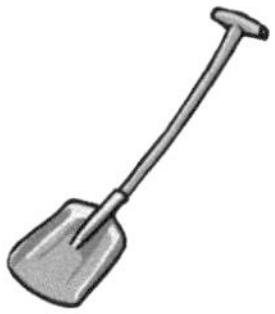

лопата

лопата

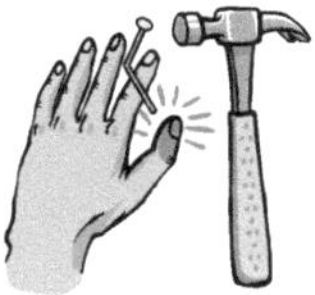

Блин!

По дяволите!

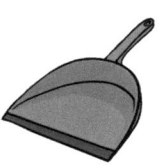

совок

лопатка за смет

ведро с краской

кутия за боя

винты

болтове

музыкальные инструменты
музикални инструменти

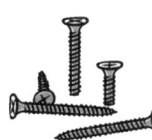

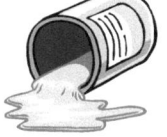

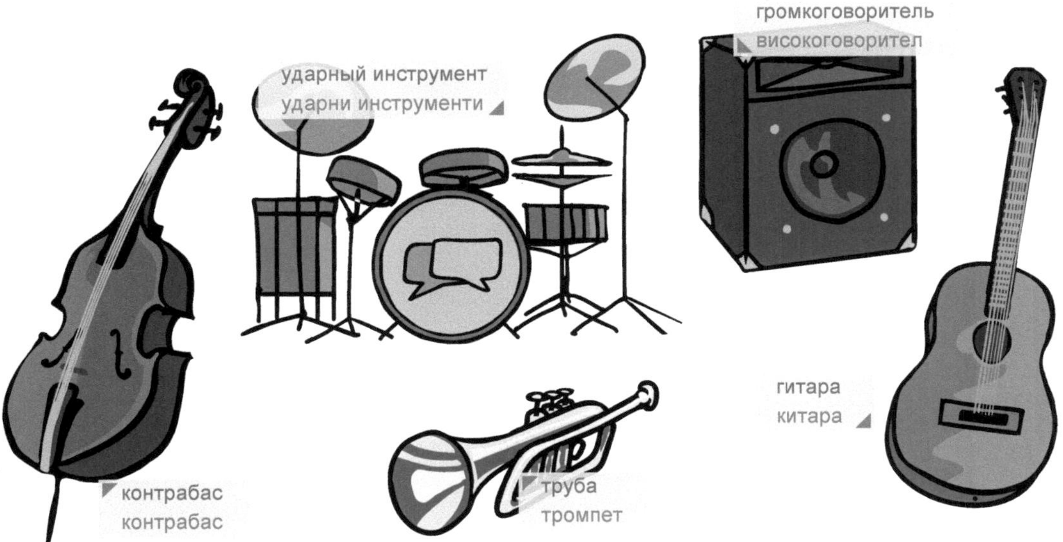
громкоговоритель
високоговорител
ударный инструмент
ударни инструменти
гитара
китара
контрабас
контрабас
труба
тромпет

пианино

пиано

скрипка

виолина

бас-гитара

контрабас

литавры

тимпан

барабан

барабан

синтезатор

електрическо пиано

саксофон

саксофон

флейта

флейта

микрофон

микрофон

зоопарк

зоологическа градина

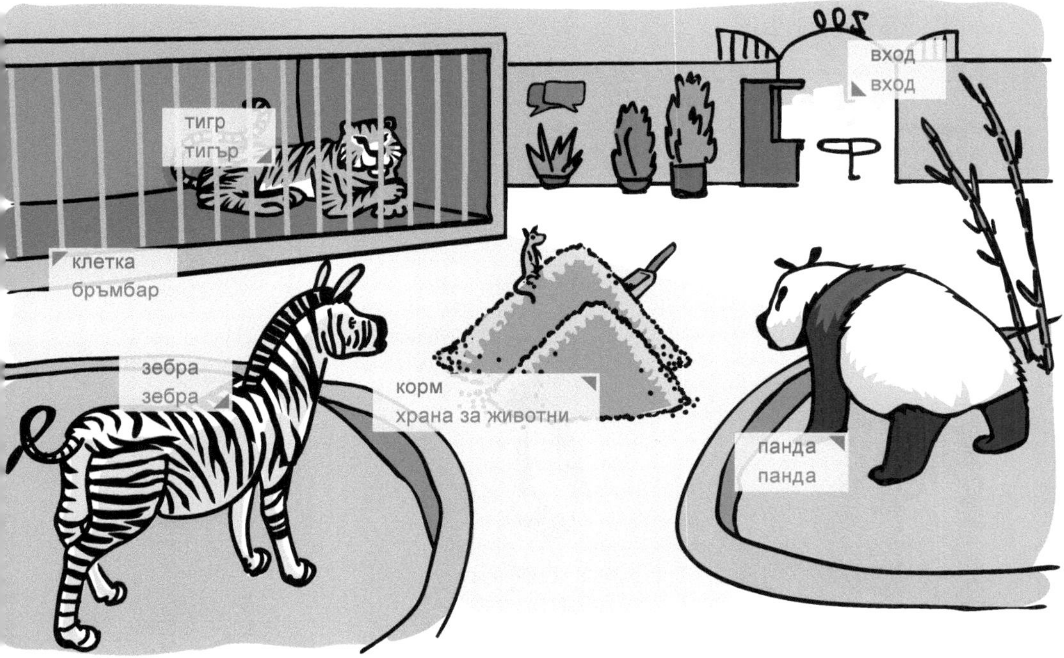

вход
вход
тигр
тигър
клетка
бръмбар
зебра
зебра
корм
храна за животни
панда
панда

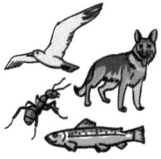

животные

животни

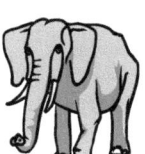

слон

слон

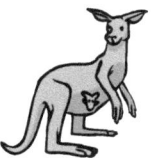

кенгуру

кенгуру

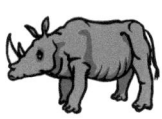

носорог

носорог

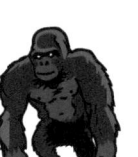

горилла

горила

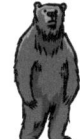

медведь

мечка

верблюд

камила

страус

щраус

лев

лъв

обезьяна

маймуна

фламинго

фламинго

попугай

папагал

белый медведь

бяла мечка

пингвин

пингвин

акула

акула

павлин

паун

змея

змия

крокодил

крокодил

служитель зоопарка

пазач в зоологическа
градина

тюлень

тюлен

ягуар

ягуар

пони
пони

леопард
леопард

бегемот
хипопотам

жираф
жираф

орёл
орел

кабан
диво прасе

рыба
риба

черепаха
костенурка

морж
морж

лиса
лисица

газель
газела

американский футбол
американски футбол

езда на велосипеде
колоездене

теннис
тенис

баскетбол
баскетбол

плавание
плуване

бокс
бокс

хоккей
хокей на лед

футбол
футбол

бадминтон
бадминтон

лёгкая атлетика
лека атлетика

гандбол
хандбал

лыжный спорт
ски бягане

поло
поло

действия
дейности

смеяться
смея се
прыгать
скачам
обнимать
прегръщам
идти
вървя
петь
пея
мечтать
сънувам
молиться
моля се
целовать
целувам

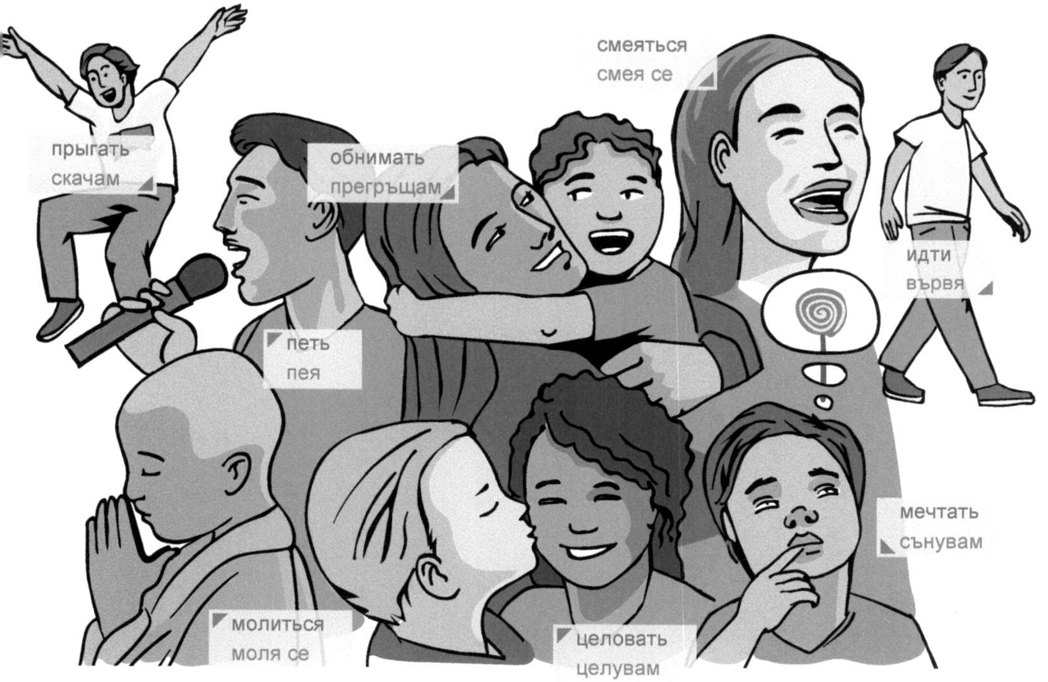

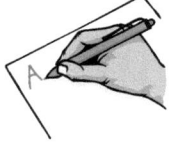

писать
пиша

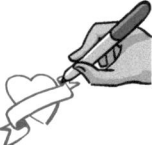

рисовать
рисувам

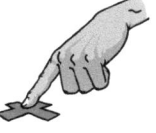

показывать
показвам

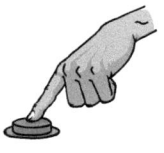

нажимать
бутам

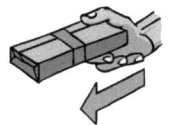

давать
давам

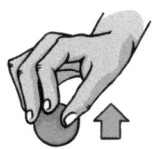

брать
взимам

иметь
имам

делать
правя

быть
съм

стоять
стоя

бежать
тичам

тянуть
дърпам

бросать
хвърлям

падать
падам

лежать
лежа

ждать
чакам

носить
нося

сидеть
седя

надевать
обличам

спать
спя

просыпаться
събуждам се

рассматривать

разглеждам

плакать

плача

гладить

милвам

причесывать

реша се

говорить

говоря

понимать

разбирам

спрашивать

питам

слушать

слушам

пить

пия

кушать

ям

наводить порядок

разтребвам

любить

обичам

готовить

готвя

ехать

карам автомобил

летать

летя

ходить под парусом

плавам (с платна)

считать

смятане

читать

чета

учиться

уча

работать

работя

вступать в брак

женя се

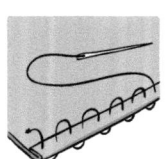

шить

шия

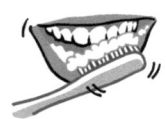

чистить зубы

измивам си зъбите

убивать

убивам

курить

пуша

отправлять

изпращам

бабушка
баба

дедушка
дядо

папа
баща

мама
майка

младенец
бебе

дочь
дъщеря

сын
син

гость

посетител

тетя

леля

дядя

чичо

брат

брат

сестра

сестра

тело

тяло

лоб
чело
глаз
око
плечо
рамо
палец
пръст
лицо
лице
подбородок
брадичка
кисть
ръка
нога
крак
грудь
гърди
рука
ръка

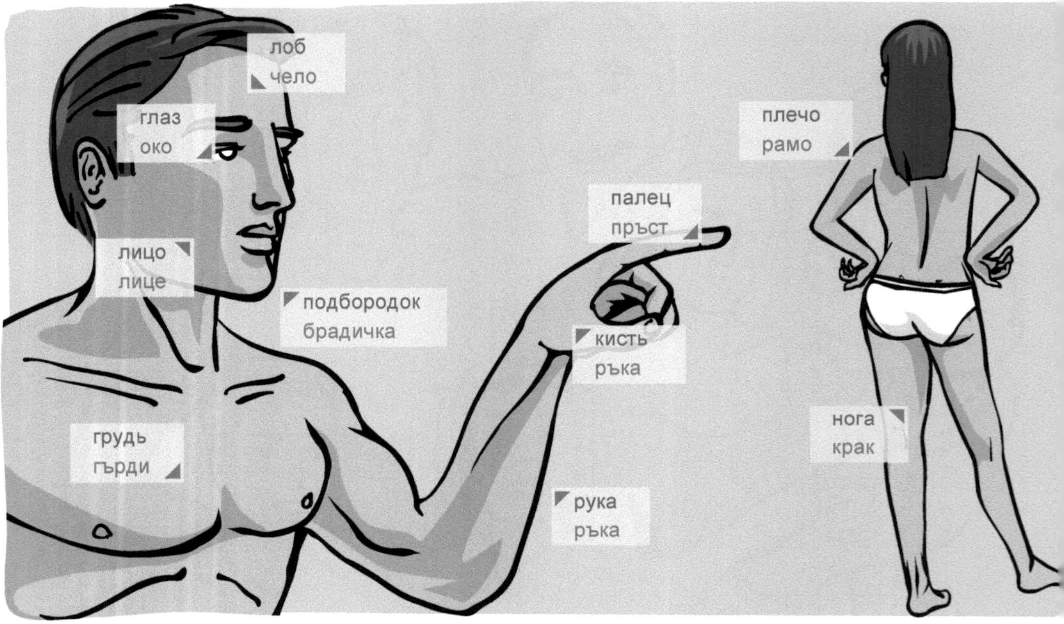

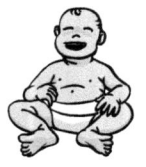

младенец

бебе

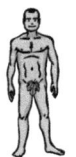

мужчина

мъж

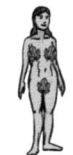

женщина

жена

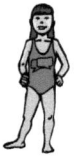

девочка

момиче

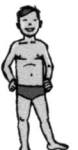

мальчик

момче

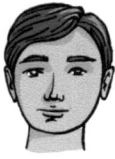

голова

глава

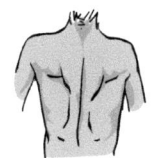

спина
гръб

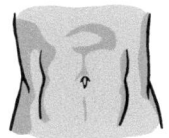

живот
корем

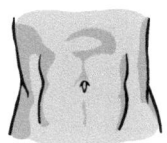

пупок
пъп

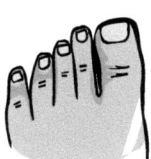

палец ноги
пръст на крака

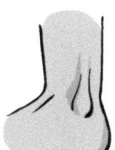

пятка
пета

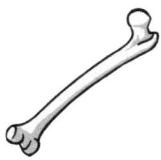

кость
кост

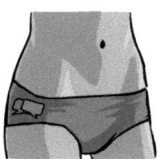

бедро
хълбок

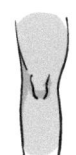

колено
коляно

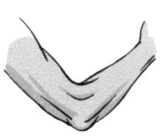

локоть
лакът

нос
нос

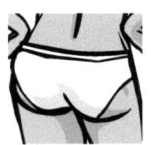

ягодицы
седалище

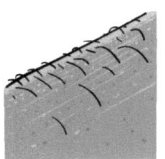

кожа
кожа

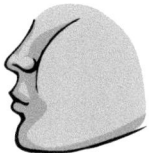

щека
буза

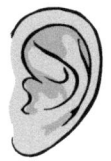

ухо
ухо

губа
устна

рот

уста

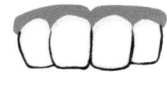

зуб

зъб

язык

език

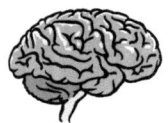

мозг

мозък

сердце

сърце

мышца

мускул

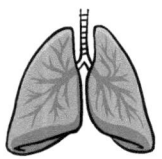

лёгкое

бял дроб

печень

черен дроб

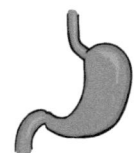

желудок

стомах

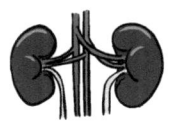

почки

бъбреци

половой акт

полово сношение

презерватив

кондом

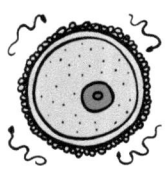

яйцеклетка

яйцеклетка

сперма

сперма

беременность

бременност

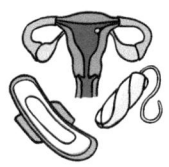

менструация
менструация

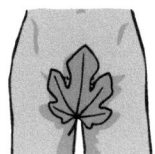

вагина
вагина

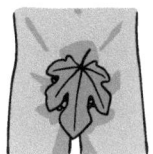

пенис
пенис

бровь
вежда

волосы
коса

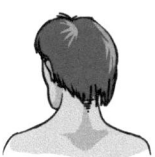

шея
шия

больница

болница

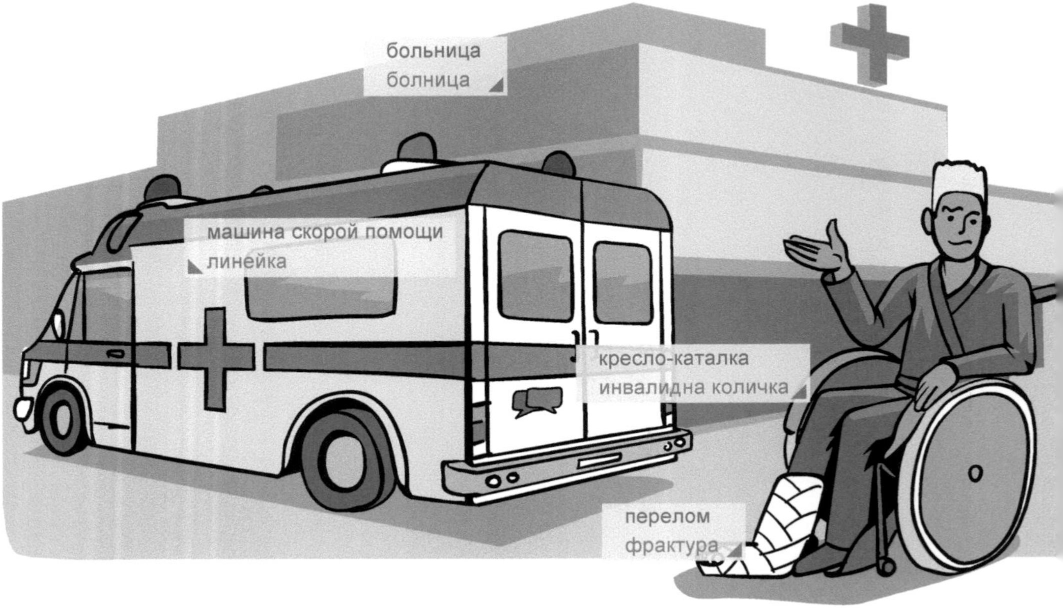

больница
болница
машина скорой помощи
линейка
кресло-каталка
инвалидна количка
перелом
фрактура

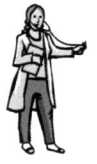

врач

лекар

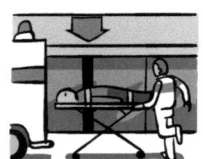

пункт первой помощи

спешна хоспитализация

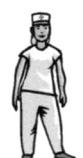

медсестра

медицинска сестра

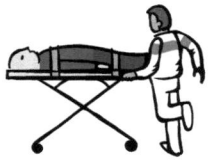

неотложный случай

спешен случай

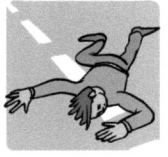

без сознания

в безсъзнание

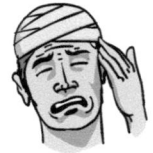

боль

болка

повреждение
нараняване

кровотечение
кървене

инфаркт
инфаркт

инсульт
инсулт

аллергия
алергия

кашель
кашлица

повышенная температура
температура

грипп
грип

понос
диария

головная боль
главоболие

рак
рак

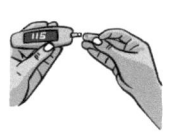

диабет
диабет

хирург
хирург

скальпель
скалпел

операция
операция

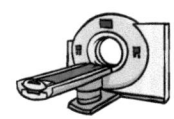

КТ

компютърна томография

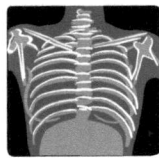

рентген

рентген

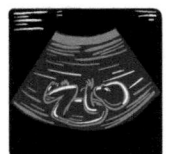

ультразвук

ултразвук

маска

маска

болезнь

болест

приёмная

чакалня

костыль

патерица

пластырь

пластир

бинт

превръзка

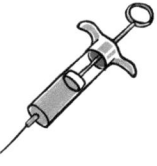

укол

инжекция

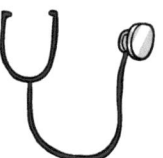

стетоскоп

стетоскоп

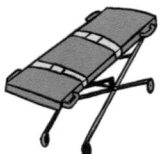

носилки

носилка

термометр

термометър

рождение

раждане

избыточный вес

наднормено тегло

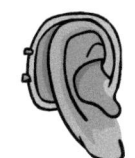

слуховой аппарат

слухов апарат

дезинфекционное средство

дезинфекционно средство

инфекция

инфекция

вирус

вирус

ВИЧ / СПИД

HIV / AIDS

лекарство

медицина

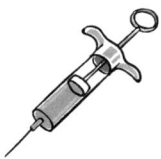

прививка

ваксинация

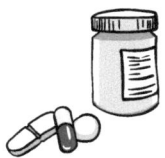

таблетки

таблети

противозачаточная таблетка

противозачатъчна таблетка

экстренный вызов

спешно телефонно обаждане

прибор для измерения кровяного давления

апарат за измерване на кръвното налягане

больной / здоровый

болен / здрав

сигнал тревоги
....
сигнал за тревога

нападение
....
нападение

Помогите!
....
Помощ!

атака
....
атака

опасность
....
опасност

запасной выход
....
авариен изход

Пожар!
....
Пожар!

огнетушитель
....
пожарогасител

несчастный случай
....
злополука

аптечка
....
комплект за оказване на
първа помощ

SOS
....
SOS

милиция
....
полиция

Европа

Европа

Северная Америка

Северна Америка

Южная Америка

Южна Америка

Африка

Африка

Азия

Азия

Австралия

Австралия

Атлантический океан

Атлантически океан

Тихий океан

Тихи океан

Индийский океан

Индийски океан

Антарктический океан

Южен ледовит океан

Северный Ледовитый океан

Северен ледовит океан

Северный полюс

Северен полюс

Южный полюс

Южен полюс

Антарктика

Антарктида

земля

Земя

суша

суша

море

море

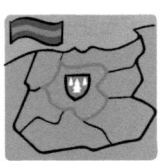

остров

остров

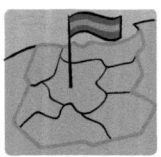

нация

нация

государство

държава

циферблат

циферблат

часовая стрелка

стрелка на часовете

минутная стрелка

стрелка на минутите

секундная стрелка

стрелка на секундите

Который час?

Колко е часът?

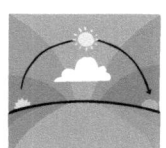

день

ден

время

време

сейчас

сега

электронные часы

дигитален часовник

минута

минута

час

час

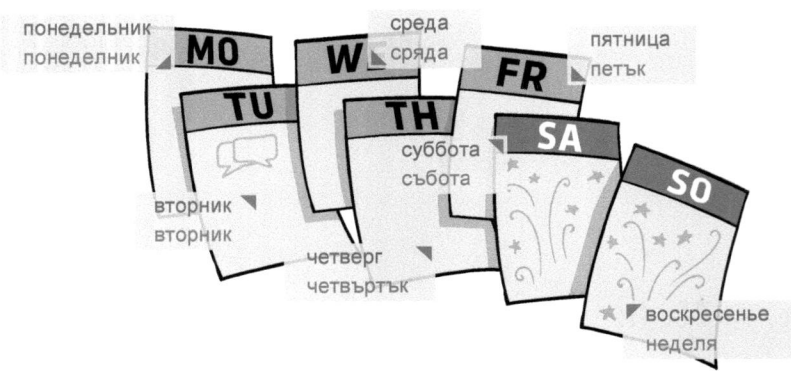

понедельник
понеделник — **MO**

среда
W сряда

пятница
FR петък

TU

TH

суббота
събота

SA

вторник
вторник

четверг
четвъртък

SO

воскресенье
неделя

вчера
......
вчера

сегодня
......
днес

завтра
......
утре

утро
......
сутрин

полдень
......
обед

вечер
......
вечер

рабочие дни
......
работни дни

выходные
......
уикенд

дождь
дъжд

радуга
дъга

ветер
вятър

снег
сняг

весна
пролет

лето
лято

осень
есен

зима
зима

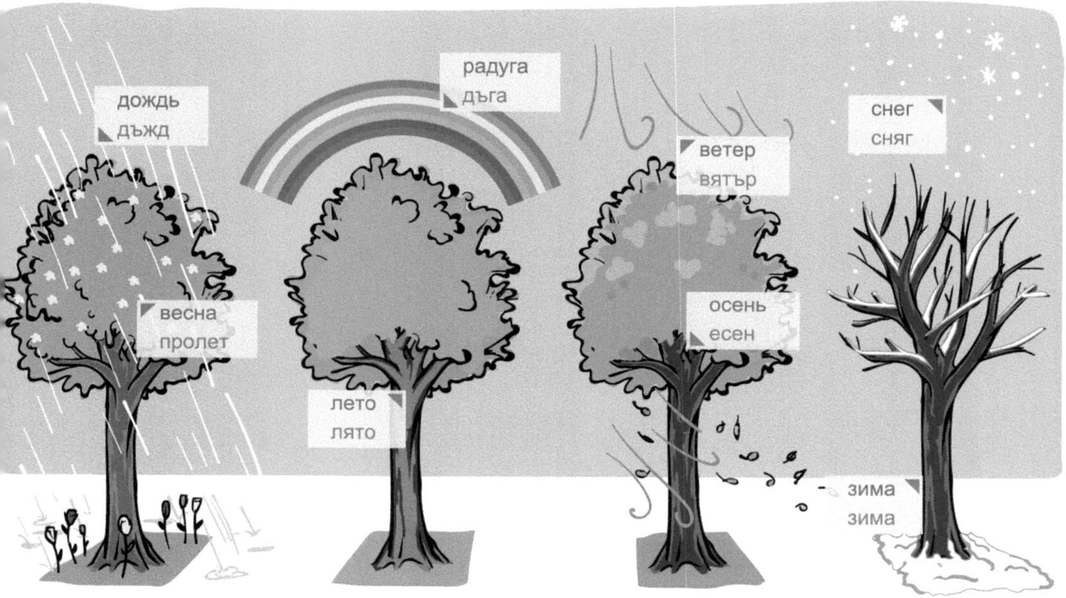

прогноз погоды

прогноза за времето

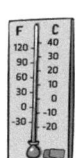

термометр

термометър

солнечный свет

слънчева светлина

туча

облак

туман

мъгла

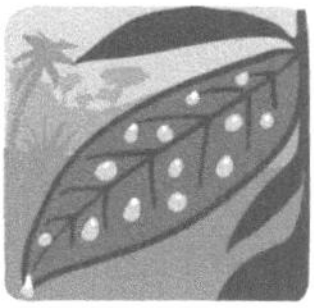

влажность воздуха

влажност на въздуха

молния

светкавица

гром

гръмотевица

буря

буря

град

градушка

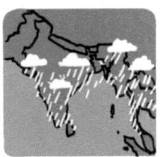

муссон

мусон

наводнение

наводнение

лёд

лед

январь

януари

февраль

февруари

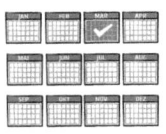

март

март

апрель

април

май

май

июнь

юни

июль

юли

август

август

год - година

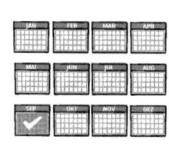

сентябрь

септември

октябрь

октомври

ноябрь

ноември

декабрь

декември

формы

форми

круг

кръг

квадрат

квадрат

прямоугольник

четириъгълник

треугольник

триъгълник

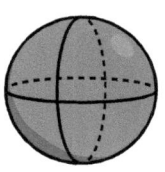

шар

сфера

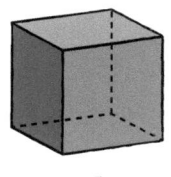

куб

куб

белый

бял

желтый

жълт

оранжевый

оранжев

розовый

розов

красный

червен

лиловый

лилав

синий

син

зелёный

зелен

коричневый

кафяв

серый

сив

черный

черен

много / мало

много / малко

яростный / мирный

ядосан / спокоен

красивый / уродливый

красив / грозен

начало / конец

начало / край

большой / маленький

голям / малък

светлый / темный

светъл / тъмен

брат / сестра

брат / сестра

чистый / грязный

чист / мръсен

полный / неполный

пълен / непълен

день / ночь

ден / нощ

мёртвый / живой

мъртъв / жив

широкий / узкий

широк / тесен

съедобный / несъедобный

ядлив / неядлив

злой / дружелюбный

сърдит / любезен

взволнованный /
скучающий
развълнуван / скучаещ

толстый / худой

дебел / тънък

сначала / в конце

най-напред / най-накрая

друг / враг

приятел / враг

полный / пустой

пълен / празен

твёрдый / мягкий

твърд / мек

тяжёлый / легкий

тежък / лек

голод / жажда

глад / жажда

больной / здоровый

болен / здрав

незаконный / законный

нелегален / легален

умный / глупый

интелигентен / глупав

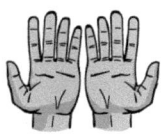

слева / справа

ляво / дясно

близко / далеко

близо / далече

новый / подержанный

нов / употребяван

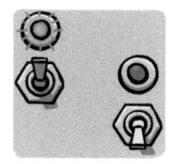

ничто / нечто

нищо / нещо

старый / молодой

стар / млад

включено / выключено

вкл. / изкл.

открыто / закрыто

отворен / затворен

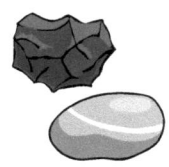

тихо / громко

тих / силен (звук)

богатый / бедный

богат / беден

правильный /
неправильный
правилен / погрешен

шероховатый / гладкий

грапав / гладък

печальный / счастливый

тъжен / щастлив

короткий / длинный

дълъг / къс

медленный / быстрый

бавен / бърз

мокрый / сухой

мокър / сух

тёплый / прохладный

топъл / студен

война / мир

война / мир

0

ноль

нула

1

один

едно

2

два

две

3

три

три

4

четыре

четири

5

пять

пет

6

шесть

шест

7

семь

седем

8

восемь

осем

9

девять

девет

10

десять

десет

11

одиннадцать

единадесет

12
двенадцать

дванадесет

13
тринадцать

тринадесет

14
четырнадцать

четиринадесет

15
пятнадцать

петнадесет

16
шестнадцать

шестнадесет

17
семнадцать

седемнадесет

18
восемнадцать

осемнадесет

19
девятнадцать

деветнадесет

20
двадцать

двадесет

100
сто

сто

1.000
тысяча

хиляда

1.000.000
миллион

милион

английский

английски

американский английский

американски английски

мандаринский китайский

китайски мандарин

хинди

хинди

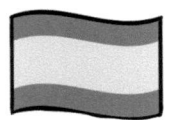

испанский

испански

французский

френски

арабский

арабски

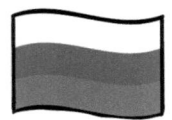

русский

руски

португальский

португалски

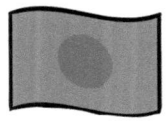

бенгальский

бенгалски

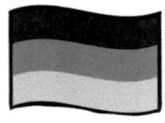

немецкий

немски

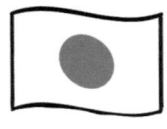

японский

японски

я

аз

ты

ти

он / она / оно

той / тя / то

мы

ние

вы

вие

они

те

кто?

кой?

что?

какво?

как?

как?

где?

къде?

когда?

кога?

имя

име

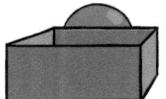

за

зад

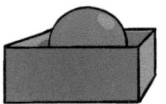

в

в

перед

пред

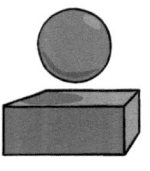

над

над

на

върху

под

под

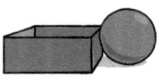

рядом

до

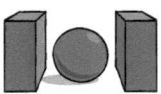

между

между

место

място